흐린 날 미사일

나남
nanam

김영승

1958년 인천에서 태어나 제물포고등학교를 거쳐 성균관대 철학과를 졸업했다. 1986년 계간〈세계의 문학〉가을호에〈반성·序〉외 3편의 詩로 등단했다. 시집으로《반성》,《車에 실려가는 車》,《취객의 꿈》,《아름다운 폐인》,《몸 하나의 사랑》,《권태》,《무소유보다도 찬란한 극빈》,《화창》이, 에세이집으로《오늘 하루의 죽음》이 있다. 현대시작품상, 불교문예작품상, 인천시문화상을 받았다.

나남시선 84
흐린 날 미사일

2013년 3월 20일 발행
2013년 3월 20일 1쇄

지은이_ 김영승
발행자_ 趙相浩
발행처_ (주) 나남
주소_ 413-120 경기도 파주시 회동길 193
전화_ (031) 955-4601 (代)
FAX_ (031) 955-4555
등록_ 제 1-71호(1979.5.12)
홈페이지_ http://www.nanam.net
전자우편_ post@nanam.net

ISBN 978-89-300-1084-9
ISBN 978-89-300-1069-5(세트)
책값은 뒤표지에 있습니다.

나남 시선 84

흐린 날 미사일

김영승 시집

나남

自序

나는 나의 말에, 詩에 功을 들인 적이 없다.
功을 들이다니……

눈물이 난다.

눈물이 나다니……

기쁘다.

2013년 3월

김영승 시집

흐린 날 미사일

차 례

• 自序 7

풍림어린이공원 샛길 13
시원한 바람 15
가로등과 나무 17
성의 없는 사람들 20
雨中 고기 굽는 냄새 23
식판 26
방음벽 29
뱀 훑듯 32
부메랑 35

풍경 38

바깥 39

죽을 때까지 40

유모차와 나팔꽃 43

흐린 날 미사일 47

새 전철 50

버섯요리 52

오줌 누는 사람 58

힘주어 61

모를 權利 65

伍友歌 70

말벌 72

비가 멈춰 76

두부를 부치며 84

더러운 그늘 89

한여름밤의 꿈의 한 컷 90

函谷에서 93

나의 그늘 98

덩쿨 100

싱싱한 비 102

땡 105

우산을 고치려 하는데 108

유골함 112

妻子 미역국 114

할 일 없다 117

흙 122

긁적긁적 124

强風에 나무…… 126

雨中 이사 129

나팔꽃을 기다리며 135

생강 찧음 139

한 뼘 전어 141

연속성 143

부평시장역 146

• 해설 · 김종훈
  중용의 숨소리 149

풍림어린이공원 샛길

느티나무 숲길의
주광색 나트륨등은
都心의
아파트와 아파트 사이의
샛길을
난생 처음 보는 길로
그대로 非想非非想天 같은 銀河의 江으로
流入되는 어떤
水路 같이
나를 그 주변
나무 벤치에 앉게 한다
간간이 잣나무도 있구나
나무마저 소처럼 주저앉아 버리면
인간은 미쳐 버리리
나무가 꼿꼿하게 서 있다니
그저 다행이고 감사하고

가로등도
인간이 만든

것이지만
나무들이 밝힌
촛불 같고
낮을 延長해 준
神의 배려 같다

과연 나무들은
무엇을 먹을까
무엇을 입을까
고민하지 않는다 그 위에 앉는
새도 분명 그렇다

시원한 바람

바람은
나무를 팽이처럼
돌리는 것 같다 나무는
팽이처럼 도니까 꼿꼿한 것 아닌가
微風인데도
이 이글거리는 폭염에
지렁이는 보도블록을 기고

그늘도 없는데
참 시원하다

三綱처럼
그늘을 벼리는
태양

태양의 벼리는
산봉우리 사이에 그물을 쳐
지는 태양을 잡으려 한
南美의 인디언은

人智를 반납하여
태양이다
오래 전에

꿩 네 마리 날고
작은 새 한 마리가 또 따라 난다

나무는 쓰러지지
않는다

가로등과 나무

천둥, 번개 치고
빗방울 후득후득
强風 부는
롤러스케이트장 공원
가로등 雙 수은등 불빛에
아파트 불빛에
소리를 내는 나무들은
나무들이 그리는 그림이
아니다 누가
그리는 그림이다 우주의
멸망까지 단 한 번뿐인
저 흔들림은

나도 거기 있으니
나도 그 그림 그리는 데에
同參한 것이다

大砲를 쏘고 발칸포를 쏘고
ICBM이

그 가로등
하루살이처럼 어른거려도
流星처럼 쏟아져도
막노동자들은
地上의 모든 人間들은

캐노피 열고
비상탈출 하는 전투기 조종사 같은
사람들 그

九死一生에
男子들은 가끔
射精을 할 뿐이다 순간 순간

샌드백처럼
빵을 매달아 놓고
두들겨 패다
KO되는

나무들은
나무의 실체도, 형체도 모르게
바람에, 불빛에 풀려
번진다 바람에
불빛에

성의 없는 사람들

나는 연필 깎는 칼도
숫돌에 갈아서 쓰기를 원한다 나는
몽당 색연필을 그 종이가 다 풀릴 때까지
쓰다가
더 이상 쓸 수 없으므로 버렸다 劫이라고?
색연필 하나 다 닳아 없어지는 세월이
나에겐 劫이다 30년
不足이 풍족인 줄 안 세월이
30년이다 몸이 닳는가?
나무도 물고기도
바람에 물에
닳지 않는다 두통 때문에
머리가 닳지 않으며 性器가 닳지
않는다 손톱깎이보다
손톱이 먼저 닳지만 손톱깎이는
내 손톱을 깎고 또 깎아도 30년
드나들어 門은 닳고닳지만
수저가 내 입에 닳은 세월은
달빛에

이 가을
풀벌레 울음소리에
내 옷이
내 눈썹이
닳아 없어진 세월이다

수저도 손톱깎이도
臟器처럼
반짝인다

벼루나 숫돌이나
숟가락이나

한 개면 一家가
累代로

재작년 부여 궁남지에서 잡아온
우렁이는 새끼를 낳고
바닥을 쓸고 다녀도

어항으로 쓰는
플라스틱 화분 받침도

어디가 薑板인가?
길은
에스컬레이터는

줄(鑢)은

水石은

"사람인가?"

雨中 고기 굽는 냄새

어머니의 火葬을 지켜본 나로서는
싫다

雨中에 野外에서 고기를 구워 먹어본 적도 있지만
싫다

어머니 火葬하는 날도
비 오는 날

고기를 구워 먹다니
싫다

고기는 살로 그 속이
드러나 보일 일 없는
영원한 겉

속을 함부로 내보이는 자들이여
싫다

이 장마도
이 늦은 밤
아름다운 가로등 불빛 아래서
더욱 아름답게 지나가는
여학생들도

다
겉이다

雨傘도 겉뿐이다
느티나무 옆
지붕이 있는
공원 벤치도

겉이며
고기다

나로서는

그 모든
벗겨진 것들이
싫다

비에 젖는,

나무를 베어 만든
이 통나무 의자도

싫다

속을 드러냄은
죽음이다
神도

식판

이렇게 찍어낸 그릇도
복제된

바깥에 내놓으면
봄비가 고이기도 한다

달빛이 비치고 산수유
꽃 그림자도 어른거린다

配食하므로
식판에 담을 수 있는 음식은 같고
줄 선 사람들도
그 動作이 같다

가령
落款도
여러 군데 찍었던 도장

拓本하듯
식판에 먹을 발라
찍고

魚拓하듯
알몸에 印朱를 발라
찍으면

팔베개하고 모로 누웠건
구석진 벤치에 앉아
담배를 피우건

가을 하늘은 맑다

식판은 쌓여 있고
사람들은 모여 있다니

저 공손한 무리에 낀 자가
누구인가

식판을 든 자들이 든
조금 찌그러진 스테인리스 식판엔
얼굴도 비친다

도예가는 자신의 식판도 하나쯤은
만들어야 하리라
무겁지만 조심조심

방음벽

아들아, 불 밝혀라
찔레, 장미는
넋 나간 듯
깜빡거린다

방음벽은 소리를 블로킹 할 수 있을까
풍경을 차단한 방음벽은
휴전선보다 더 비극적이다

미니스커트는 늘어가고
천국도 지옥도 들여다보고 사는데
저 수용소군도 같은 방음벽 너머엔
건강한 사람들이 사는 것 같다

아들아 세월은 가도
나는 너의 어린 시절의 모습들을 기억한다
전철은 가도

그렇지 않은가
소음을 발생한 자가
賤民이니까
전철도 비행기도
大砲도

그렇지 않은가
저 천둥도
落雷도

레일 표면처럼
닳고닳아도
이 세상에서의 業績은 누구나
다 赫赫하다

용광로도
베이컨 工場도

불꽃처럼
枕木 아래
자갈은

뱀 훑듯

뱀을 잡아
껍질을 벗겨본 적이 있는데 뱀을 들고
한 손으로 훑어 내리면
뱀은 그 갈빗대 같은 통뼈가 으스러져
늘어진다 한 손으로 들고
한 손으로 몇 번 쫙쫙
훑어 내리면
뱀은 축 늘어지는 것이다

나의 달리기는
뱀 훑기

수평의 길을 수직으로 세워
한 손으로 훑으며
나는 달린다 길은

내 손에 축
늘어지고

나는 그 길
껍질을 벗긴다

조심하라 여인이여
나는 너를
훑어 내릴 수 있다 가까이

오지 마라 敵들이여
그 모든 僞善과

非理의 기생충들이여

보아 왕뱀도
아나콘다도
나는 훑어 내린다 뱀 훑듯

내가
내 그림자를 훑는다

이
작열하는 폭염에
流汗의 長江을!

폭포를!

부메랑

부메랑이 왜 돌아오냐 부메랑은
짐승을 잡는 도구 짐승을 때려
잡는 도구다 던지면 즉사시킬 수 있는
그런 도구다 돌아오는 부메랑은
잘못 던진 부메랑
부메랑은 돌아오지 않는다 부메랑은
실수를 확인하고 자인하고
허탈히 집에 가기 위한
참회의 도구 실수를 대비한
도구가 아닌 포기의
도구 굴복의 도구 나의

부메랑은 돌아오지 않는다
단 한 번 단 한 발의
부메랑은 내 손을 떠나
一物一矢처럼 정확하게

즉사시킨다 돌아오는
부메랑은 잘못 던진

부메랑이면 부메랑이
부메랑처럼 돌아오기를 바라는
마음은 이미
그리고 온통
다 잘못된 마음이다 부메랑은

최대의 겸손
자비

잘못 던진 부메랑은 돌아와
내 고환을
내 두개골을
관통시키리 파열시키리
박살내리 그게

부메랑을 만든 뜻이며
자기가 만든 그 부메랑과의
약속이다 내가

던진 부메랑은
짐승을 관통하고 회전하여
우주로 날아간다

나는 그 짐승을 들쳐메고 돌아와
먹는다 은하수 펑펑 쏟아지는 밤

그 칭송과 찬양의 별빛이
그 부메랑이다

그러니
나로 하여금

내 부메랑을

던지게 하지

말게 하라

나는 단 한 번이다

풍경

풍경으로 살던 내가
풍경을 보니
아파트 夜景이 그저
누가 기증한 각막에, 안구의
글썽거림 같다

차창 밖 야경엔
마을버스 內
모니터 화면이 비치고
左의 차량 행렬이 右로
비친다

불빛은 두 줄의
붉은 줄

바깥

바깥은 너무 추워서 뺨을 마른 오징어 찢듯 찢는 것 같고
물오징어 가위로 쭉쭉 썰듯 써는 것 같은데

집에 들어오니 따뜻하다

바깥은 네온사인에
마천루의 불빛에
해파리 같은데

죽을 때까지

나는 이미
倒立 금동미륵반가사유상이고
생각하는 사람이다

발길로 툭툭 치면
옆으로도 그러고
있다

아직
추워서 그런
것이다

죽을 때까지
사랑하겠다 기다리겠다 공부하겠다
하지말고
그것도 좋지만
죽을 때까지는 일단 죽어가야 하는 것이다

그밖에 생각은 다
雜念인데

생각은
잘 때나 하는 것
무슨 심사숙고며
千思 만려인가

생각은 잘 때나
죽을 때
잠깐 하면 된다

금동미륵반가사유상이나

다들 뭔가를
窮理하는 거겠지
가슴이 아프기도 하고
부럽기도 하다

死刑 직전도
다 그런 표정과 자세며
性交中에도 그렇다.

유모차와 나팔꽃

바퀴는
마음놓고 굴러갈
平地를 필요로 하는 것
그것이 바퀴의 基本權이고

캐터필라에의
폭력성과 肉의 일을 생각케 하는
근거다

원을 이용한 악랄한
학대는

거짓 輪舞를

굴러간다는
無限은 刑罰의
대가로

시간을 단축하고
육신은 편한

토요일 오후
아이들은 롤러스케이트를 타고
엄마들은 유모차를 민다

9월인데도
내 나팔꽃은 화단에서부터
3층까지 타고 올라가
피어 있다

나팔꽃을 보면
어떻게 하고 싶어지는가?

나팔꽃은
地上의 人間보다
높이 오를 수 있다는 생각 역시

가을을 감사케 하는
나의 생각이다

세상은
바퀴의 天國으로
四通五達이지만

마찰이니
마보니

바퀴나 길을 위한 말이 아닌

악마의 말이

아무렇지도 않게
灼熱한다

유모차 미는 여인들은 아름답고

하늘은

아주 깊다

흐린 날 미사일

나는 이제
느릿느릿 걷고 힘이 세다

비 온 뒤
부드러운 폐곡선 보도블럭에 떨어진 등꽃이
나를 올려다보게 한다 나는
등나무 페르골라 아래
벤치에 앉아 있다
자랑스러운 일이다

등꽃이 上下로
발을 쳤고
그 揮帳에 가리워
나는
비로소 아무것도 안 해도 된다

미사일 날아갔던 봉재산엔
보리밭은 없어졌고
애기똥풀 群落地를 지나

롤러스케이트장 공원
계단 밑 老人들 아지트는
멀리서 보면 慶會樓 같은데
내가 그 앞에 있다

명자꽃과 등꽃과
가로등 雙 수은등은
그 향기를
바닥에 깐다

등꽃은
바닥에서부터 지붕까지
垂直으로 이어져
꼿꼿한 것이다

虛空의 등나무 덩굴이
반달을 휘감는다

急한 일?
그런 게 어딨냐

새 전철

궁전 같고 호텔 같다
CCTV 매달려 있고
푸른 벨벳 같은 시트
야구모자 쓴 처녀들도
봄처녀 같고
제 오시는 것 같다

새것은 그 모든 色이
선명하다 유리창에 비친
맞은편
분홍색 후드 입은 소녀도
참 선명한 게
저녁인데도
아침이다

내 나이 現 52
눈은 더욱 안 보이고
거의 더듬는다
내가 앉은 맨 앞 칸엔

전부 청소년들, 청년들인데
남녀가 참 신선하다

出庫된 전동차 같은데

전철이 새거니
그 레일 깔린
지하 터널도
새것

버섯요리

宅配로 온
천마총 천마도 중 飛人 같은
善人이 보낸

물론 직접 기른
무공해며
無

버섯은 부드럽고
독버섯조차도 겸손하다
大地는
숲은

그 버섯을 찬양하고
敬拜를 한다

버섯을 겨우
귀두의 상징이라고
프로이트는 꿈의 해석을 했지만 인간의

無禮를

나는 버섯한테
사죄한다

그리고
감사한다

내가 마치
海蔘과
말린 海蔘에

그러했듯이.

송이 한 상자
호주産 쇠고기
불고기 전골
쇠고기 버섯 전골인지
버섯은 實하고 貪스럽다

콩을 밭에 나는 고기라고
버섯을 여하튼 고기라고

그렇다고 나는 이 버섯요리를
勝佳妓니
龍鳳湯이니
神仙爐니 하는

悖逆한 이름을 붙인 자들처럼
譏弄을 하고 싶지는 않다

인간이 없었다면 그저
어둡고 濕한 곳에
함초롬히 피었다
질 텐데 山

에는 꽃이 피네 꽃이
피네 할 것 없이 그늘엔

버섯이 피네
지네

갈 봄 여름 없이
그럴 텐데

느타리버섯
표고버섯
팽이버섯

먹는 것 너무 밝히는 女子들과
食貪의 무리들은
나는 싫어

도마가
킬링필드며 게헨나며

입이
陰戶다

버섯도
朔望을 알며*

日月星辰한테 가끔
손을 흔들기도 한다

버섯은
저항도 없어

낫을
톱을
사용하지 않아도 된다

송이버섯을 써니까
斷面이 *海蔘* 같다

당신의 眼球도

---

* 朝菌不知晦朔. 莊子, 逍遙遊篇을 參照할 것.

삶아서 썰어놓으면
주꾸미 머리 같으리

오늘 하루
배고픔에 感謝했다

오줌 누는 사람

오줌이 마려우면 나는
오줌통 구멍에 陰莖을 끼우고
오줌을 눈다 오줌통은 대형
우유통, 화단에 심은 감자와
까만콩을 위하여
나는 오줌을 받는 것이다 오줌이
마려우면
男女老少 안절부절
내 胃臟도 腹腔도 그랜드캐니언 같을까 내
頭蓋骨 속도
東亞일보 요리 사이트 있나 우연히 보았더니 표고 장조림
그리고 인터넷에서 그냥 검색한 조개젓 무침은
참기름, 마늘, 파, 사이다, 물엿, 생강 등등이
들어간단다 조개젓은 그냥 버리려 했고
가지 말려둔 것, 송이버섯 말려둔 것 등등은
나름대로 장엄히 해서 먹으면 된다 몇 년 前
浮石寺 갔다가 전라도 求禮 마을에서 얻어온 취나물 모종

너무 자라 퍼져 역시 장엄하다
분명히 흰 꽃이 피는 참취인데 역시 무쳐서 먹으면 된
다
蠱惑的인 女人이건
누구건
오줌은 눴다 人間은
매달려서도

모두 오줌 누는 사람으로서의 人間임을
자각해도
人間은 한없이 깊고

그리고 그렇게 두들겨 패서
오줌 싸게 만들고 싶지는 않을 것이다 恐怖에
질려서

이 흐린 날
먹을 것을 생각했고

그리고 孔子를 생각하고
야스퍼스를 생각하고

그 소크라테스, 예수, 불타, 공자
그들이

오줌에 대해서
언급한 바 없음을
多幸이라고 생각했다

힘주어

나의 글씨는 나의
뒹굴음, 泥田鬪狗,
전력투구, 炮烙之刑
八萬대장경 八만 배가 넘는
나의 墓碑銘

힘주어 글씨를 쓰자
손에 힘이 없을수록
눈은 흐리고
아예 안 보일수록

陰毛 하나 빠지면
눈알이 쑥 딸려 나오면 좋을 텐데
陰毛는 왜 이렇게 빠지나
수많은 유전자 정보를 갖고 있는 陰毛

힘주지 않아도 빠지는
나의 陰毛 같은
나의 글씨 나의

수많은 유전자 정보를 갖고 있는
나의 글씨

나는 아직도 MonAmi 153 0.7
검은 볼펜으로만 草稿를 쓴다네 이미
40年도 넘은 나의
MonAmi 153 0.7
검은 볼펜 글씨
나의 筆蹟은

비가 내리다 멎고 이 아침
고인 물에 또 몇 방울
후득후득 듣는다 힘주어

서 있는 나의 무궁화나무,
대추나무, 살구나무

그 밑의
질경이, 부추, 나팔꽃

저 하늘 아래
땅 위의
그 모든 山川草木과

100% 1 : 1로
완전 一致, 相應하는
나의 德充符

내가 써 놓은 나의 글씨를
내가 못 읽으니
못 보니

이 失明은

나의 極,

나의 완전한 大

은총!

청천벽력 같은
크리스마스 트리를

모를 權利

블랙박스
그런 것을 다 기록하다니
神의 領域이다
CCTV
神의 領域이다
虛像을 만든 罪
죽으리라
지나간 시간을
복원하는 죄
역시 죽으리라

그 시공을
재생하는 자

죽으리라

모를 權利도 있고
모를 義務도 있다

지운 것은 지운 것이며
숨긴 것은 숨긴 것이다

그리고
사라진 것은 사라진 것이다

학교가
교회가
沙金과 金剛石의 광산인가? 건물이
거리가 골목이

버스 안이
전철 안이

가령,

옛날
어떤 여자는 자기 자녀한테
매일 도시락에 편지를 넣어 도시락을

싸주고는
나중에 도시락 편지라는 책을 내기도 했는데
우리는 그 편지를
모를 권리와
의무가 있다

江 건너 은행나무와
은행나무의
바람이 전해주는 이야기는
은행나무만 알고

연어는 알을 낳으러
母川을 거슬러 올라와서는
바다와 江과 계곡의 이야기를
지운다

땅속의 감자를
너구리굴 속의 너구리 새끼를
촬영하고

火星의 표면을
촬영한다

胎兒를 촬영하고
精子의 이동을
촬영한다

그냥 運柩車처럼
보는 게 낫다 책도
레일 近處 그림자도

빨판상어처럼
가마우지처럼

열심히
맛있는 것 잡아다가
바친다 그리고

돈을 벌고
作曲도 한다 그리고

煙氣는 풍요롭게
피어오른다

五友歌

내 벗이 몇인고 하니
水石과 松竹이라……

내 벗이 몇인고 하니
중얼거려 보니

내 친구들은
다 좋은 친구들

그러나 내가 그들의
좋은 친구가 되질 못하네

水石과 松竹月도
나의 친구로는
過分하고
不可한 친구들

반달 뜬
가을밤

내 무슨 염치로
水石과 松竹月을
내 친구라 하리

棺도
화장터 火口도

나는 敢히
내 친구라 할 수 없는데

달빛은 皎皎하고
나를 감싸네

풀벌레 울음소리는

마치
水石과 松竹月처럼

내 그림자는

말벌

때 아니게 말벌이 도심 주택가까지 창궐한다는데
말벌 떼에 쏘인 게 아니라
내 머리가 말벌 집 같다

몇 년 전 굴업도 갔을 때
민박집 뒤란에 널어놓은 이불 걷으려다 순간 빵빵
말벌 집을 건드려
말벌한테 오른쪽 팔뚝을 두 대 쏘였는데
죽을 뻔했다

토치램프가 아니라
화염방사기가 벌집을
태워버리는 게 아니라

내 머리 속엔 말벌들이 많이 사나

그러니
토치램프가 아니라
화염방사기로도 말벌 집을

태워버릴 수도 없다

딱 한 방만
腦에 직접 쏘여 볼까?

말벌은 가만히 보면
옛날 色저항처럼 色色의 띠가
아름답고
영롱한데

말벌은
모든 非正常을 非常을
正常으로, 恒常으로

大氣와 우주의 한 공간을
그 시공을
말벌이 占有하여 밀어낼 만큼

하늘은
말벌한테 겸손하며
무한히 寬大하다

TV를 보니 119구조대원들
말벌 집을 태우며
말벌들을 죽이면서도
도대체 죄책감이 없다

죄책감은커녕
자부심과 보람을 느끼니

스텔스 전투기 한 대 추락해도
나는 눈 하나 깜짝 안 한다

만들어진 것은
부서져도 된다

아프리카 토인들
진흙집 같기도 한
소똥집 같기도 한
말벌 집

비가 멈춰

이 새벽
이 얼음처럼 푸르스름 맑고
시커먼 하늘을 직박구리 한 마리
고래헤엄 하듯
까가가각 찢어지는 高音으로
포물선을 그리며 순간
공중에 정지되어
순간 추락하는 듯

마치
이 새벽의 空中이
深海나 되는 양
發光 오징어처럼 그렇게
쭉쭉

그런 飛行法으로
마치 누가 직박구리를 탄환으로
大砲를 쏜 듯
총으로 쏜 듯

엄청 아프고
엄청 驚愕스러운
엄청 공포에 질린 것 같고
엄청 황홀한 것도 같이
그저 魂이 다 나간 듯
아니 그 자신이
魂인 듯

이 都心에 뱀딸기는 이
짙푸른 잔디, 질경이, 머위, 부추 等等
사이에서 자신은 현재
最高潮의 猛毒 상태라는 양 최고
절정이라는 양

그냥
자신의 현재
최고의 자기 자신이라는 양

역시 그 색깔로 發光하며

이 장마
앞으로도 300㎜ 이상
폭우가 며칠
더 쏟아진다는 이
장마

生과 死
此岸과 彼岸

나는
이미 싹이 나서
내가 매어놓은 줄을 타고 오르는 그
마 줄기 잘 있나
한 번 나가보았을 뿐인데

마는 아마도
다섯 군데서 싹이 나

다섯 군데 줄을 타고
싱싱히, 潤澤하게

잘 올라가고 있었다

그리고
오늘은 콩을 심어야겠다고 생각했고

우산 쓰고
콩을 심지 않는 게
좋겠다고도 생각했다 오늘은

가령
후쿠시마 原電 및 그 以前
미국 쓰리마일, 체르노빌 원전 사태를
전후해서 생겨난
원전 반대론자들의 主張 역시

가령
쇼펜하우어의 독서無用論처럼

그 原電으로 인한 총체적인
혜택과 피해가 이미
原爆 투하 前부터
밀물처럼 서서히
밀려오게 되니까 생긴

그 反應이며
自覺이며
現象이라고 생각하니

이 順하고 怯먹은 눈의
人類들

아인슈타인도
닐스 보아도
하이젠베르크도 또

그 누구도
사하로프도

다들

이
에피메테우스들

이
전체주의자 히틀러 및
히틀러 一般들

마더 테레사들
마틴 루터 킹 목사들 그저

이 새벽

직박구리와
뱀딸기 사이에서

그
찬란하고 장엄하고 허무한
盲目的 生의 意志의 大전환

아하,

그러니까
아인슈타인도, 히틀러도 그

사이

그 사이는
미노스 섬의 迷宮

그

직박구리와
뱀딸기 사이에 無限天空
그 迷宮에 갇혀

잡아먹거나
먹을 걸 달래거나

여하튼
그러다가 슬피 울거나
웃는

그런
怪物들이었구나!

하는

健全한 생각을

나는 잠깐
해 보았던 것이다.

그러니
걱정 말라.

두부를 부치며

배는 고파 죽겠는데
나는 두부를 부친다

그냥 아무거나 처먹지
뭘 잘 좀 먹어보겠다고

그런 面에서는
人生은 다들
나 같은 자들이 擧皆라
피식
安心하기도 한다 피식

웃으며

그 욕망과
상승의지에 그저

無限한
敬意와 연민을 잠깐

보내는 것이다 그 点은 오늘

아침
沈痛할 만큼 그들
人類라는 生命體 一般 全體를
가엾어하게도 하여
무섭기도 하지만

얼마나 무서운 일인가?
내가 그 보는
人間들을
불쌍히 여기고 있다니. 그건

정말
무서운 일이다. 차라리

내가
부쳐지는 게 낫겠다. 간장에

푹 찍어

밥 한 숟가락과 함께
먹혀지는 게

낫겠다

오늘같이 비가
하루종일 내리고
혼자 있는 날이면

그런 아침이면

혼자
밥을 차려 먹으면서도 우렁찬
雜念이 滿乾坤하여

기어코
便을 보게 만들거나

뭐 整理할 것 없나 하고
室內를
돌아보기도 한다

그러다 보면
無門關이니 뭐니

그러나 오늘 아침
두부라도 있었으니 두부를 자르고
기름 두르고 부치고
그 工程에 參與하지

一年에 지구를 몇 바퀴씩 돌며
밥도 비행기 안에서 먹고
잠도 비행기 안에서 잔다는
畵像들을 보면 明白히

내가
이 모습 이대로

두부를 부치고 있는 게
훨씬 나에게 有利하고
弘益人間 할 수 있고
下化衆生 할 수 있는
위대하고 장엄한
일이라고

나는 당연히
나 中心的인
大覺을 하는 것이다!

정말
무서운 일이다.

더러운 그늘

더러운 그늘도
있을까 더러운
그림자도

즈믄 江에 비친
滿月처럼

暴雨에 건너편
아파트 5층 높이 巨大한 느티나무 빽빽한 숲 사이로
물이 콸콸콸콸 날다람쥐처럼
이 가지 저 가지로 女子 타잔처럼
뛰어다니듯
쏟아지는 아침

한여름밤의 꿈의 한 컷

나사렛국제병원 앞 공원은
둥그런 공원
느티나무 숲의 이 저녁엔
환자복 입은 여자 환자들이
죄다 나와 산책을 하는데
흐린 장마철인데도 해설피
죽음의 미소가
삶의 찬가가
슬리퍼마다
휠체어마다
그리고 夏服 입은 소녀들
하얀 블라우스마다
란도셀마다
老人들, 처녀들
步行과 律動마다
빠드뒤처럼
돈 걱정과
장래의 희망처럼

그 가운데
지붕 낮은 팔각정처럼
칼레의 市民처럼

나는
삼성 플라자에 가서 아들 MP3 A/S 수리 맡긴 것 찾고
국민은행 현금인출기에 가 10만 원 찾고
750원 짜리 生水 한 통 사서
바지 오른쪽 뒷주머니에 꽂고
자판기에 가 커피 한 잔 뽑아
벤치에 앉아 있다

지겨운가?
이 작은 공원은
건물로 둘러싸인
완전 盆地

北美 인디언들은
南美 잉카인들은
나를 찾기
어려우리

"어딨냐?"
외치다가
해가 저문다.

函谷에서

누가 딸이고
누가 엄마인지 모를
예쁜 母女들
그저 감사하다

나도
old soldiers처럼
불구덩이 속으로
fade away할 테지만

그러나 나의 舍利는
내가 본 것들

가로등은
스포트라이트처럼
正面으로 나를
비추고

그 아래 벤치에 앉아
그 가로등 左右
느티나무들을

본다

느티나무는
V字에서 V字로
몇 갈래 가지를 뻗고

이
풍림어린이공원 샛길은
V 峽谷 같다

兩岸에 도열한
느티나무는
무슨 말이 없지만

나는 到彼岸하지 않고
그저 흐른다 가끔
거슬러 오르기도 한다

나는
지난 가을을
겨울을
그리고 봄을

견뎠노라고
중얼거린다

여름이고
곧 暴雨가
쏟아질 테지만

나는
견뎠노라고

나는
별이 수직으로 떨어져
충돌하여도

내가
서 있는 이 땅을

별이 강속구처럼 이대로 추락해
폭발한다 해도
이대로 앉아

찢긴 육신을
수습할 것이다

大地는
늘 아름답고
만경창파는

영원히
내 뼈를 씻는다

나의 그늘

내 所有의 그늘
내가 만든
나의 그늘

내 몸이 만든
내 몸의 그늘

이 뙤약볕 밑에서
나는
내가 만든
나의 그늘

내 펄럭이는
옷이 만든 그늘에만 앉아
쉰다

아스팔트는
灼熱하고

暴雨는 또
그 아스팔트를 식힌다

모과나무와 전나무 사이

비를 맞고
빗방울이 맺히고

감아오르다가
더는 감아오를 데 없다는 듯
나팔꽃 덩쿨은
고개 꼿꼿이 흔들린다
흐린 하늘 향해
하늘 높이

피뢰침처럼

혹한처럼

덩쿨

나는 현재
나팔꽃과 마를 심어놨는데
그건 휘감고 오르기 때문

휘감고 올랐다가
거기에 말라죽기 때문

말라죽었다가 다시
휘감고 오르기 때문

가을이 오고
눈이 쌓이면
얽히고설킨 덩쿨은
유령선처럼 고드름을 주렁주렁 달고

마치
쏟아지는 햇살을
도끼질하듯
까뀌질하듯

마는 올해 처음 심었는데
열심히 타고 올라오고 있다

내가 매어놓은
줄을 타고

나팔꽃이 太陽만 한
이 새벽

싱싱한 비

비가
벌벌벌 떠는 싱싱한 꽃게 마냥
아니 참게 마냥
쏟아진다 아니

비는 그
벌벌벌 떠는 싱싱한 꽃게를
참게를 상냥하게
위로하듯 그 자체로
大慈大悲하게

내린다 비가

버들붕어 마냥 아니
돌돌돌 개울물 거슬러 올라가는
송사리 떼 마냥 아니

알몸으로 櫛比하게
처형되었던 그 모든

男女老少들의 그
알몸 마냥

屍身 마냥

그냥 내린다

어깨를 툭 치며
"오우, 이 屍身 괜찮은 屍身인데?"

어떤 美男과 美女를 놓고
그렇게 찬탄을 하면

비는 결국은
저 靈肉의
上下와 前後左右를
뒤흔든다

雨煙을 吟했지만

이 都心에서도 이
아침부터
雨備를 입은 사람은 다
그 雨備로 暴雨에
敬意를 표하는 사람들이다

아프냐?
아직 넝쿨장미 만발한
이 새벽

꽃게 같은 비가 쭈우욱
부우욱

살갗을 찢으니

아프냐?

띵

머리 깨진 인간이
나뿐이냐?

아니다 라고
頭頭物物이 그런다 豆腐도
그런다 龜頭도
그런다

새벽에 잠깐 일어났다가 도로 누우려다가
머리맡 卓子 모서리에 머리를
된통 부딪혔다 頭蓋骨이

無蓋車가 되는 줄 알았다

노숙자라고?

나의 露宿은 腦의 露宿
腦가 아직 두부처럼
접시 안에 있으니

나는 아직 노숙자는 아니다

오늘은 날이 참 흐린데
살구꽃 꽃사과 꽃이
주변을 더 어둡게 한다 白木蓮 꽃인가?
꽃잎이 참 많이도 찢어진 채 붙어있는
참 희한한 종류의 白木蓮 꽃도
찢어진 채 다 흩어져 있어
天地玄黃이다

머리통은 꽤 여러 번 난타당한 적 있어 반짝반짝

깨진 두개골에 황금 板을 대고 수술을 한
고대 잉카인의 미라와 그 白骨이

비에 젖은 磨崖石佛을
훈계하는 듯하다

머리가 깨졌는데
배가 고플 것까지야

우산을 고치려 하는데

우산을 고치려 하는데
쫘르르르릉

아니
쫘아아아아악

하늘의 귀싸대기를 때리듯
아주 질기고 넓은
껍데기를 벗기듯
찢듯
천둥이 친다 벼락도
친다

우산을 고치려면

가늘고 질긴
합성수지 실과
바늘이 있어야 한다 실은
양파망이나 꽃다발 싼

망에서 뽑으면 되는데
없다

이 눈으로
우산을 고치려 하는데

男子들이
女子 뒤에 무릎 꿇고 성행위를
하면서도 그런 생각
그런 느낌

콩고 반군한테 성폭행당한
정부군 같이

여자 뒤에서 성행위를 하면서도 남자들은 왜
그 자세로 동시에
콩고 반군한테 성폭행당하는
정부군 같은

그런 생각
느낌이었을까

콩고 반군 특공대는
정부군 캠프를 습격하여
정부군을 강제로
성폭행했다

그 성폭행당한 정부군은
그냥
시름시름 앓다가
죽어간다 혹은
자살을 하기도 하고

雨中
燈臺의 燈처럼
콩고 反軍 군단이 着劍한 듯
발기한 페니스를 앞세우고

우산이 다 고쳐지면 오늘은
이 暴雨에 나는
自由롭고 堂堂하리

비가 온다고
肛門 젖을 일
걱정한 적은 없는데 地球上의

無數한 男子들이 이 暴雨에
肛門 젖을 일
걱정하네 肛門이
젖네

콩고 政府軍 같은 남자들이
이 暴雨에

유골함

연탄재로 월미도를 매립했듯
유골함 유골로 또
어디를 매립할지도 모른다

먼 훗날
석탄 무연탄 탄광처럼
이 유골 骨塊, 인골 점판암을 캐는
광산촌도 즐비하여
광부들은 또
매몰사하리

그 白骨에 매달린
빨간 입술은

속삭인다

개펄에
장미를 심고

極細 유골 골분을 압착하여 만든
인조 대리석
광장에 엎드려

얼굴과
性器를
비춰보며

이 暴雨의 아침

靑寶石 네온이
不夜城인 이
都城에서

최초
굵은 빗방울 떨어질 땐
그 튀는 먼지에

妻子 미역국

아내와 아들은
마른 새우 넣고 끓인 미역국에
아침을 먹고
나는 食前부터 커피를 마신다 내가
마시는 커피는
맥스웰하우스 커피믹스
빨간 봉지의 커피
그 커피 마시는 모습은 칸트 같지도 않고
서부 개척시대의 카우보이 같지도 않고 그저

저 텔레비전에 나오는 사람들이
내 모습을 본다면
딴 데를 틀 것이다 一方的이기에
多幸이지 피차
볼 수 있다면

텔레비전엔
一切 어리석은 자들

어리석은 말을 하고 어리석은
눈빛과 표정과 몸매로
뉴스를 전하고
먹는 것을 선전하고
가장 어리석은 모습인 시체 상태도
전달된다

장마에
옹벽 토사가 쏟아져
매몰사한

집에 가서는
안 그럴지도 모른다

인간은 전파를 타면
質的 變化를 한다
다 惡人이 된다

아프칸 전쟁도
전쟁의 종식도

그들의 두개골 하나하나
원두막처럼 그 일거수일투족이
미역국에 들어 있는 마른
잔새우를 본다

반갑다, 친구야!
그래도 같은 바닷물 속에 있던
同鄕이라고 마른 새우와
미역은

부둥켜안고
웃고
우는 것도 같다

안 그럴 것 같은가?
그들은 그런다

할 일 없다

그렇게도 할 일 없냐?
없다.

이 주말
태풍을 동반한 비에
콸콸

구제역 가축 매몰지
流失되겠네 그것도

무덤이라면 무덤인데
七百義塚처럼 미국

사우스다코타 주 블랙 힐즈처럼
운디드니처럼 數

百萬位 돼지와 소들은
그 生매장당한 父母兄弟, 이웃들은
이제야 浸出水로

빗물로

그 地獄을
빠져 나오네

그 뼈면
뼈다귀 해장국이
그 꼬리면
꼬리곰탕이 그
뚝배기가 바벨탑
그 뚝배기의 塔이
天路歷程

地下에서 곧바로
天上으로
수직의 실크로드여!

그 살로 塗布하면
고층 아파트 투신 자살자

하이 다이빙, 공수낙하
다 받아내고도 남겠네

그 살이면
삼겹살이
안심이, 등심이

폐타이어 가공
푹신푹신한 포장도로처럼
인조잔디처럼

대학을
교회를
운동장을 연병장을

다 덮고도 남아

그 뼈면
全國 전원주택

담장을, 울타리를
철조망을

탱자나무 울타리처럼
다 만들고도 남아

一生
관계도 없는 것들이

상추와 마늘과 고추와 고추장과 쌈장과 깻잎과
삼겹살과 만나

돼지의 살이 왜
그런 것들과 섞여야 하는지는

비가 쏟아지니
살아남은 돼지 새끼나 송아지 中에
제 父母를 기억하는 영혼이 있어

그 무덤가를 바라보며

<u>스스로는</u>
滅種도 할 수 없는

헒

내가 기르던 청거북이도
헐어서 죽었는데

거리엔
光彩나는 얼굴들

거북이는 12년 만에
발이, 물갈퀴가, 입이
헐어서 죽었다

TV나
거북이 어항이나

傷心한 눈동자들은
별을 바라본다

끌리고 쓸리고
찢어지고 깨진다 해도

헐다가 죽지는 말자

입술이, 혀가 헌
眼球가
골뱅이처럼
빠져나온 사람들이

동굴에서

눈이 녹고
산수유가 피었으니
태양이 찬란하다고

긁적긁적

하이 다이빙 선수도
긁는다

교수대, 단두대 밑
죄인도

가려우면
긁적긁적

긁다가
손가락이 뚝
떨어져나간 韓何雲이 있다는 건
내 記憶의 은총이다

그러한 記憶의 自矜은
慰勞며
平和인 것이다

얼음에 박힌 유리조각
그 깨진
거울조각에

나는
산산조각 박살난 나와
握手를 했다.

强風에 나무……

쏟아 붓는 것인지
두레박으로 물을 길어 올리는 것인지
밤새워 두레박
다 때려 부수는 소리
暴雨 그치고 이 새벽
비는 더는 안 오고 바람만
분다 颱風에 나무는
특히 치솟은 巨木과 巨木의 저 숲은 一齊히
하늘로 빨려 올라가거나 한
방향으로 활처럼 휘면서
나무는
바람과 비의
소리를 낸다

나무는
바람과 햇빛과 비
속에서
흙 속에서
나무라는 듯

태풍에
이 强風에 나무는 저

숲은 巨木들은 하늘 향해 오른쪽 70° 각도로
한 방향으로 쏠려
하늘이 나무를 다
빨아올리는 것인지 나무들이 一齊히 자신을
뻗어
물방울을, 빗방울을 터는 것인지 역시 巨大한

탈곡기가 나무들의 대갈통을 손목쟁이를
다 터는 것인지 콸콸 아니면 아예
역시 거대한 빨랫방망이로 펑펑 때리며
빨래를 하는 것인지 이 都心의

나무들이
나무들의 急流가 결국
천인단애 폭포로
直下하는 것인지

이 태풍 부는 새벽의
나무들의 萬籟는 風籟는, 그

악다구니며, 喊聲이며 口號며 連呼며 자기네들끼리의
眞言이며
그 地上 最大 最低 低音의
숨소리는
숨소리를,

雨中 이사

판초 우의 같은
국방색 얼룩무늬 우비를 뒤집어쓴
슬리퍼
아름다운 이사
사다리차

살구나무보다도
모과나무보다도 더 높게
노란 사나리차 뻗치고

빈 노란 바구니 올려 보낸다
아주 팽글팽글 돌아가는 뿔테안경

잘 포장된 파란 상자는 또
내려오고

사다리차 리프트가 올라간다
내리는 비도
저 地上 가까이 내린 비를

조금은 도로 갖고 올라갈까

나는 아파트 1층
거실 스탠드 앞에 앉아
베란다 창문으로 끊임없이 오르내리는

리프트를 본다 아마도 이
雨中 이사를 가나 본데

이대로 이 리프트를 타고
九泉 地下世界로

아니면
九萬里長天 은하수 너머로
완전히 이사가 버리지 리프트는 이 雨中

저 地下로부터
天上까지
돌계단을 쌓는 듯 地下의

天上의
長方形 돌을 끊임없이
쌓아간다 두 무릎으로 기어

오르내리던 그
나의 돌계단이라는 듯

床石 같은
魂遊石 같은
그 돌계단에 걸터앉아
雨中 점심을 먹었으며

그 돌계단에
磔刑처럼
태질을 당하기도 하였노라고

주먹으로
코피를 씻으며 방글방글
눈물도 훔치며

한 걸음씩 걸어 내려가
魂들에 인사하고 두 손을
오그려 맑은 물 한 모금
엎드려 마시고

또 한 걸음씩 걸어 올라가
魂들에 인사하고

피라밋이건 잉카의
石築이건 앙코르와트나
北滿 고구려의 築城
또는 내 外家 송악면 외암리의
그 돌담들

正, 長方形으로 깎은 돌이건
自然石이건 날라다가
담을 쌓고, 벽을 쌓고, 城을 쌓고
집을 짓고 寺院을 짓고
虹橋를 건설하고

돌들은
墓碣로
神道碑로
下馬碑로 그 모든

功德碑로
로제타스톤으로

모르겠다
멱라수에 돌을 끌어안고
뛰어내린 屈原도 보기 싫고
고인돌도
스톤헨지도 다
暴力의 상징이며 그 흔적이라
떠올리기도 싫다

兇器와 武器의 元祖가
돌이었다니
祭壇도 파르테논 神殿도 다

아폴론 神殿도
그 옴팔로스도 다……

이사를 가거든
부디
돌 그냥 놔두는 데로 가서
잘 사시길……

5호 태풍 메아리가 北上中인데
장맛비 줄기찬 아침

나는 그저 一擧에
그런 雜念의
돌미끄럼틀을

미끄러져 내려왔고 또
뛰어올라가 봤다

나팔꽃을 기다리며

이곳 東春洞에 와서는 15년
柳洞 살 때까지 하면 20년
나와 함께 해온 나팔꽃은
이제 막

지지대를 타고 오른다 이 나팔꽃은
아파트 화단에 뿌려져 싹이 튼
이 나팔꽃은
유선 TV 케이블을 타고 3층으로
4층으로 5층으로까지
오른다 물론
1층에 사는 내가 베란다 화분걸이에 내어놓은
네모난 화분에 심은 나팔꽃이다 나팔꽃은
화단에서부터 1층으로 2층으로 3층으로 자라
5층으로 타고 오르는 나팔꽃은
자기 몸, 그러니까 자기 存在의 全部인
줄기와 잎을 떼메고
오르는 것 같지만 大地를

번쩍 들어올려
우렁차게, 어기차게

푸니쿨리 푸니쿨라처럼
그냥 상냥하게

잠시
자신을, 자신의 *存在*를
수직으로

치솟아
솟대처럼 하나의

장엄한
神聖不可侵의 聖域을
만들어 가는 것이다 建設이고
시지푸스의

지극히 명랑한 바벨탑 쌓기며
그 頂上에
은하수 별들을 와르르르 담고
滿開한 꽃으로 드디어
무너져 내린다

그 나팔꽃을 올려다보며
사람들도 비로소
거기까지 올라가

웃는다

거기에 孤獨이니, 絶望이니
虛無니 鬱憤

또는 虛僞니 欺瞞이니
大虐殺이니가 도무지

使用할 데가 없는
어떤 虛妄한 表象처럼
맴도는데

나팔꽃은 그러한 冤鬼들의 女王처럼
바람에 흔들리면서도 깔깔깔깔
웃고 있는 것이다

생강 찧음

플라스틱 절구통에 생강을 넣고
나무 절굿공이로 찧었다
며칠 전엔 마늘을 찧었는데
생강을 찧었다

마늘을 까고 다듬어
마늘을 찧었는데
생강을 까고 다듬어
생강을 찧었다

창밖은 은세계

전나무 사이
빨랫줄도 반짝반짝

아내는 배추를 절이고
나는 생강을 찧는다

짓이겨지면서 생강은
감사합니다
인사한다 방글방글

그건 당연한 일이다
나는 생강을 찧었다

나는
마늘도 생강도 애지중지
길러보았으므로

나는
마늘과 생강한테
인사한 적이 있으므로

나는 손톱에
봉숭아물도 들여 보았지만
봉숭아물도

한 뼘 전어

저것들이 微物인 게 낫지
思惟를 한다면
抗辯을 한다면

트럭 위 작은 수족관
대보니 한 뼘

어부는
滿船이면 불쌍하다고
통곡하고
凶漁면
그냥 훌쩍이고

스티로폼 한 팩에 만 원

배터리인지
어디서 끌어다 쓰는 電氣인지
카바이트 불빛 같은 燈 아래
膾를 뜨는 사나이

흐르는 눈물
지긋한 微笑

저것들이
수족관 구석에 모여
기도를 한다면

저것들이
저 샛별 같은 눈동자로
가만히 나를 바라본다면

연속성

불연속적이 아닌, 斷續的이 아닌 연속적
無機가 아닌 有機的
깜빡깜빡 點滅하는 것들도
사실은 연속적인 것들인데

반딧불이들
그리고 이미 나타난 모기들
아직 나타난 것은 아니지만
이미 나타난 모기의 幻影들

유령들
鬼神들

그 어느 것 하나
불연속적인 것은 없는데

이 海岸 마을은
超現代式 신도시임에도 불구하고
一年 내내 바람이 거세

이 아파트

나는 深夜 새벽에 쓰레기 버리기를 좋아해
쓰레기를 들고 나가면
재활용 종이는 바람에 날려

별이 된다

아카시아 꽃 향기는
찔레는 병꽃은
장미는

滿發하여 不夜城

그 不夜城에
어둠의 장막을
영혼의 揮帳을

비단 보자기처럼
주단 자루처럼
쓰개치마처럼
둘러준다

순간이라고?

그래서 都市는
호박꽃 속 반딧불이 같은 것이다

그래서 그 穹窿을
뚫을 수가 없는 것이다

전투기도
아파치 헬기도

그래서 그 밑에서
다들 숨 쉬고
그리고 다들 살아가고 있는 것이다

부평시장역

뭐가 그렇게 우스워?
하고 물으면
더 웃는다 소녀들은

시체들도 그런다
그래서 화장터 너머
꽃이 피는 것이다

生의 세계에서는
感傷도 많고
울분도 있지만

시체는 그 자체로
換骨奪胎한 幻影
그저 法悅이다

썩거나 타면
그나마 없어지니
더 法悅인

法悅이다

그것도 모르고
벌벌 떨고
이런 저런 일에
더 벌벌 떤다

그래서
뭐가 그렇게 우스워?
하고 물으면
더 웃는다

해설

중용의 숨소리

김종훈 문학평론가

　김영승의 시에 비가 내린다. 《화창》(세계사, 2008) 이후에 발간한 시집 제목에 '흐린 날'이 들어가더니, 시집에 수록된 많은 시는 비 내리는 풍경을 배경으로 하고 있다. 이 비는, 추억을 되새기게 하거나 낭만적 감성을 돋우기에는 너무 거세고 질기다. 곧 그치고 화창해질 것이라는 믿음이 있어야 일시적으로 추억이나 감상에 젖을 텐데, 시집에 내리는 비는 그러한 생각을 자극할 외부의 풍경을 결딴낼 만큼 위협적으로 쏟아지고 있다. 천둥과 벼락을 동반하는 것은 보통이고(〈우산을 고치려 하는데〉), 심지어는 "靈肉의/上下와 前後左右를/뒤흔"(〈싱싱한 비〉)들고 있다. 김영승 시의 비는 그를 다른 생각과 연결시키기보다는 단절시킨다. 비는 그를 포위하고 있고, 그는 빗속에 고립되어 있다. 아니, 단절과 고립의 상황에서 그의 시는 태어난다. 여기에는 기억과 예감과 같은 시간적인 단절도 어느 정도 포함되어 있다. 게다가 그는 "눈은 더욱 안 보이고/거의 더듬"(〈새 전철〉)는 시력을 가지고 있다.

우리는 김영승을 어떻게 기억하는가? 시의 진영이 모더니즘과 리얼리즘으로 뚜렷이 구분되었던 1980년대에 등장한 시인, 그러나 그 어디에도 귀속되지 않고 양쪽을 아우르는 것으로 1990년대를 열었던 시인, 거대 담론의 대척점에서 미시적인 일상을 시적인 것으로 길어 올렸던 시인, 그 일상이 시적인 것으로 기록되기 위해 특별한 일상을 살았던 시인, '극빈' 속에 '폐인'으로 남아 있었으나 그래도 순결한 웃음을 잃지 않았던 시인. 김영승이 취한 자세는 그에게 독특한 시적 개성을 선사했을 뿐만 아니라 이후 한국시의 중요한 흐름을 형성했다. 약자의 위치는 현재 루저나 잉여로 불릴 만한 목소리로 이어졌고, 웃음은 비장함이 다수를 차지했던 예전과 견주어 더 넓게 우리 시단에 퍼져 있다.

김영승의 시적 개성은 이후 한국시를 풍요롭게 했을 뿐만 아니라, 당대 시대상을 풍성하게 하기도 했다. 당대의 타인들과 마찰을 일으키며 빚은 그의 시에서, 웃음을 쥐고 있는 약자의 모습은 강자의 횡포를 환기하는 한편 다른 약자와의 연대를 이끌어냈다. 직접 저항하지는 않더라도 그 위에는 사회적 강자가 있다는 것을 환기했고, 그 옆에는 비슷한 처지의 약자가 놓여 있다는 것을 전제로 두었던 것이다. 그를 누락시키면 세상은 반듯해질 수 있었으나, 그는 스스로 누락한 자가 되어, 자신의 존재로써 눈길을 받지 못한 곳까지 시대상에 포함시켰다. 하지만 지금, 그와 함께 고난을 겪던 친구들도, 그를 억압했던 사회적 강자들도 보이지 않는다. 집 밖에는 비가 오고 있고, 그의 눈은 잘 보이지 않는다. 그 많던 그의 친구들은 어디에 있을까.

水石과 松竹月도
나의 친구로는
過分하고
不可한 친구들

반달 뜬
가을밤

내 무슨 염치로
水石과 松竹月을
내 친구라 하리

棺도
화장터 火口도

나는 敢히
내 친구라 할 수 없는데

달빛은 皎皎하고
나를 감싸네

풀벌레 울음소리는

마치
水石과 松竹月처럼

내 그림자는

— 〈五友歌〉

반달이 뜬 가을밤이다. 그는 남아 있는 친구들을 헤아려본다. 아무도 없다는 것을 깨닫고 예전부터 외로움을 덜어주는 친구로 꼽혔던, 물과 돌과 소나무와 대나무와 달을 불러본다. 그리고 이것들이 자기 자신에게 과분하다고 심지어는 "不可"하다고 되뇐다. 그는 친구가 그리워서가 아니라 주위에 아무도 없는 자신의 처지를 확인하려는 듯 이들을 꼽아본 것 같다. 다른 어떤 무엇도 그는 과분하다고 느낄 것이고, 또한 불가하다고 느낄 것이다. 자신을 낮추고 있는 모습은 여전하지만, 낮추는 것으로 드러나는 높은 것들의 흔적들이 이제는 잘 보이지 않는다. 심지어 그는 '棺'과 '화장터 火口'가 환기하는 죽음에서까지도 자신을 소외시켰다. 고립은 살아서 감내해야 운명으로 인식되고 있다. 시의 마지막에 들어선 친구, 그림자는 위안거리이기도 하지만 한편으로 외로움의 증폭장치이다. 그나마 이 그림자도, 하염없이 비가 내리는 이번 시집에는 드물게 나타난다.

그래도 이번 시집에서 그의 친구들을 꼽으라면 강풍과 벼락과 물세례를 맞으며 견디는 나무와 나팔꽃일 것이다. 세상의 고난에 맞서 자신의 키를 높이겠다는 듯이, 나팔꽃은 수난의 흔적처럼 우회하며 자라고 있고, 나무는 그 많은 비를 맞고 꼿꼿이 서 있다. 나팔꽃이 시인이 심은 것이라면 나무는 그 이전부터 세상의 고난을 안고 있었던 것이다. 나팔꽃이 앞으로의 미래를 예측하려는 듯이 위로 올라가고 있다면, 나무는 과거의 자신처럼 그렇게 수난을 겪고 있는 것이다. 이들은 자신의 투사체이면서 동시에 남아 있는 친구들이기도 하다.

잠시
자신을, 자신의 存在를
수직으로

치솟아
솟대처럼 하나의

장엄한
神聖不可侵의 聖域을
만들어 가는 것이다 建設이고

시지푸스의

지극히 명랑한 바벨탑 쌓기며
그 頂上에
은하수 별들을 와르르르 담고
滿開한 꽃으로 드디어
무너져 내린다
                    ―〈나팔꽃을 기다리며〉중

이 태풍 부는 새벽의
나무들의 萬籟는 風籟는, 그

악다구니며, 喊聲이며 口號며 連呼며 자기네들끼리의
眞言이며
그 地上 最大 最低 低音의
숨소리는
숨소리를,
                    ―〈強風에 나무……〉중

나팔꽃과 나무가 등장하는 시이다. 이들은 모두 비가 내린 반대 방향, 즉 하늘로 향하고 있다. 나팔꽃은 "더는 감아오를 데 없"(〈나의 그늘〉)는 곳에서 흔들리는데, '피뢰침' 같기도 하고 '혹한' 같기도 하다. 그에게 그 높이는 "地上의 人間보다/높이 오를 수 있다는 생각"(〈유모차와 나팔꽃〉)을 가져다주는 높이이다. 나팔꽃이 비록 "휘감고 올랐다가/거기에 말라죽"(〈덩쿨〉)을 운명을 짊어진 것이어도 그러하다. 인용시에서 나팔꽃은 수직으로 오르는 것의 영광이 곧 허무로 변할 것을 아는 존재로 형상화되어 있다. '건설'과 '만개'가 곧 허무가 될 것임을 아는 나팔꽃, 김영승은 지상의 세계가 누추하다는 것을 인정하되, 위에 펼쳐져 있는 천상의 세계에 헛된 희망을 걸지 않는다.

나무 또한 마찬가지이다. 그가 예전에 그러했던 것처럼 나무는 바깥에서 비를 맞으며 견딘다. 그가 주목하는 것은 모진 비바람 속에도 꿋꿋하게 서 있는 나무의 자세이다. "나무는 쓰러지지/않는다"(〈시원한 바람〉)고 새삼 강조하는 까닭도, "나무가 꼿꼿하게 서 있다니/그저 다행이고 감사해"다고 여기는 까닭도, "나무마저 소처럼 수서앉아 버리면/인간은 미쳐 버리리"(〈풍림어린이공원 샛길〉)라는 위기감 때문일 것이다. 인용시에서는 그 수직의 수난에 대해 말하고 있다. 쓰러지면 파국이지만 서 있으면 수난이다. 강풍에 흔들리며 내는 나무들의 "악다구니" 속에서 그는 지상의 수난, 수난의 숨소리, 숨소리의 고귀함을 읽고 있다. 그런데 밖에서 흔들리고 있는 나무는 시인만을 환기하는 것일까. 나무는 지상에서 숨을 쉬는 모든 만상을 대변하는 것은 아닐까. 예전에는 자신이 고난을 겪었으나, 지금은 세상이 고난을 겪고 있다고 느끼는 것은 아닐까.

한편, 김영승이 이 친구들을 비슷한 방법으로 소개하는 방법은 주목할 만하다. 그는 나팔꽃과 나무에 기대어 지상과 천상의 모습을, 수평과 수직의 모습을 잇고 있다. 이 과정에서 처음에는 생생하고 구체적인 말들이 등장하다가, 점점 추상적이고 개념적인 말들의 비중이 늘어나고 있다. 마치 언어의 가장 밑바닥에 고유어들이 있으나, 구분하고 분류하며 상위 항목으로 옮겨가면서 그것들이 추상적인 말들로 변모하듯이, 그의 사유는 구체적인 모습을 포착하는 것에서 시작하여 추상적인 관념을 끌어 모으는 것으로 개진된다. 지상은 생생하고 천상은 모호한 것이니 이와 같은 말들의 쏠림은 자연스러운 현상이라고 생각할 수도 있으나, 김영승이 쓰는 이 말들은 여느 말들이 지닌 특성과는 변별된다.

거기에 孤獨이니, 絶望이니
虛無니 鬱憤

또는 虛僞니 欺瞞이니
大虐殺이니가 도무지

使用할 데가 없는
어떤 虛妄한 表象처럼
맴도는데

나팔꽃은 그러한 冤鬼들의 女王처럼
바람에 흔들리면서도 깔깔깔깔
웃고 있는 것이다

              — 〈나팔꽃을 기다리며〉

나팔꽃이 등장하는 앞의 인용시 마지막 부분이다. 앞서 인용한 〈强風에 나무……〉 마지막 부분처럼 여러 관념어들로 마무리되고 있다. 그런데 이와 같은 관념어의 성격은 여느 것들과 그 모습이 다르다. 구체적인 모습을 포기하는 대신 여러 의미를 거느리는 여느 추상어들과 달리, 이들 낱말은 많은 의미를 거느리지 못한 채 구체어처럼 고립되어 있다. '고독' 옆에 '선망'이, '허무' 옆에 '울분'이, '허위' 옆에 '기만'과 '대학살'이 배치되면서 이들은 커다란 말들의 지위를 누리려고 하자마자 그 권위를 잃어버리고 왜소해진 처지에 놓이게 되는 것이다. 마치 수직의 방향으로 상승해 보았자 그 끝에 말라죽어버릴 운명이 도사리고 있는 것처럼, 허무를 맛볼 수밖에 없는 것처럼 "虛妄한 表象"이 되어버리는 것이다.

삶과 죽음, 성공과 패배, 열망과 수난, 고독과 환희 등의 의미가 함께 배치되며 발생하는 이 아이러니는 사유의 끝에 배치되어 시인을 쉬운 깨달음으로 나아가지 못하게 하며 동시에 그의 사유에 권위를 부여하지도 못하게 한다. 이 차단장치는 그렇게 그의 시에 지속적인 생명력을 가져

다준다. 삶의 순간 끝까지 허무를 맛보아야 하는 운명이 그가 수직의 세계를 올라가 얻어낸 깨달음인데, 그것은 곧 수평의 세계가 가지고 있던 본래의 의미이다. 그에게 수직의 세계는 수평의 세계와 같은 뜻으로 인식된다.

  뱀을 잡아
  껍질을 벗겨본 적이 있는데 뱀을 들고
  한 손으로 훑어 내리면
  뱀은 그 갈빗대 같은 통뼈가 으스러져
  늘어진다 한 손으로 들고
  한 손으로 몇 번 쫙쫙
  훑어 내리면
  뱀은 축 늘어지는 것이다

  나의 달리기는
  뱀 훑기

  수평의 길을 수직으로 세워
  한 손으로 훑으며
  나는 달린다 길은

  내 손에 축
  늘어지고

나는 그 길
껍질을 벗긴다

— 〈뱀 훑듯〉 중

    잡은 뱀을 훑어 축 늘어진 모습에서 유추되는 수직의 세계는 죽음과 다르지 않다. 시에는 삶을 유지하기 위한 모습 중 하나가 '달리기'로 형상화되어 있는데, 그것이 곧 '뱀 훑기'와 같다는 인식에서는 죽음의 세계를 삶의 세계로 끌어들인 사유체계가 드러난다. 그가 다른 시에서 수직의 길을 지상의 비단길로 비유하여, "地下에서 곧바로/天上으로/수직의 실크로드여!"(〈할 일 없다〉)라고 말한 까닭도, 이와 같은 사유에서 비롯된 것이라 할 수 있다.

    개별적인 대상을 덜 말하여도, 시의 전개방법이 추상적인 쪽으로 향하더라도, 그의 말들이 구체적인 말처럼 인식되는 까닭도, 그가 이 둘을 끝내 소통시키기 때문일 것이다. 세찬 폭우가 내리고, 주위에는 아무도 없어 타인과 접촉 기회가 줄어들었다 하더라도, 거기에서 인식되는 추상어들에는 그가 세상을 인식하는 방법이 놓여 있다. 그가 '인간'이라고 말하고 그가 '풍경'이라고 말하면, 거기에는 '인간'이라는 사물, '풍경'이라는 존재가 있는 것이다.

모두 오줌 누는 사람으로서의 人間임을
자각해도
人間은 한없이 깊고
       ―〈오줌 누는 사람〉 중

풍경으로 살던 내가
풍경을 보니
아파트 夜景이 그저
누가 기증한 각막에, 안구의
글썽거림 같다
       ―〈풍경〉 중

 〈오줌 누는 사람〉에서 시인은 현인들로 일컬어지는 이들이 오줌에 대해서 언급한 바 없다는 것을 깨닫고 다행이라고 여긴다. 그는 모두 오줌을 누기 때문에 "人間은 한없이 깊"다고 생각한다. 그가 다행이라고 여긴 까닭은 그의 깨달음이 새로운 것이기 때문이며, 인간이 한없이 깊다고 여기는 까닭은 '인간'이라는 범주를 규정하는 보편적 인식이 누추하고 개별적인 것에서 조성되었기 때문이다. 오줌 누는 인간은 보편적 인간이되 추상적 인간은 아니다. 그의 규정은 '생각하는 존재' 또는 '말하는 존재'와 같은 추상적 속성을 띠는 것이 아니라 '오줌 누는' 존재로서 구체적 속성을 띤다. 철학적 규정이 아니라 시적 규정을 통하여, 이 '인간'이라는 추상어는 개별자로서 활동하게 되는 것이다.

〈풍경〉 또한 마찬가지이다. 그는 시력이 약화되어 아파트 야경을 구체적으로 묘사하지는 못하지만, 약화된 시력 때문에 어른거리는 야경 그 자체를 '안구의 글썽거림'으로써 규정하면서, 자신이 보는 '풍경' 그 자체를 존재하는 것으로 시에 등재시키고 있다. 구체적인 것에서 추상적인 것으로 종합되는 과정에서 보편성은 확보되고 개별성은 누락되는 것이 일상적인 말들의 쓰임이라면, 김영승의 시에서 추상적인 말들은 보편성을 유지하되 개별성을 보존하는 것으로 시적인 것이 된다.

가려우면
긁적긁적

긁다가
손가락이 뚝
떨어져나간 韓何雲이 있다는 건
내 記憶의 은총이다

그러한 記憶의 自矜은
慰勞며
平和인 것이다

얼음에 박힌 유리조각
그 깨진
거울조각에

나는
산산조각 박살난 나와
握手를 했다.

—〈긁적긁적〉 중

  시인은 손가락이 갑자기 떨어져 나가는 병을 앓은 시인인 한하운을 기억하고 있다. 그 기억은 그에게 위로와 평화로 다가오고 그로 인해 그는 자긍심을 느낀다. 그의 위안은 한하운이 자신보다 더 아픈 삶을 살았다고 인식하고 있기 때문이기도 하겠으나, 〈힒〉의 "끌리고 쓸리고/ 찢어지고 깨진다 해도//헐다가 죽지는 말자"를 염두에 두면, 그가 생각하는 삶의 자세에서 비롯된 것이라 할 수 있다. 정신의 나태와 안정 속에서 자기 자신을 마모시키는 삶, 게으른 자기 자신을 용인하는 삶이 조용히 '헐고 있는' 삶이라면, 세간의 시선에는 상처투성이의 부서진 삶으로 보여도 정신의 올곧음을 지키는 삶이 한하운이 표상하는 긍지의 삶이다. 그의 삶은 중용의 자세와 닮아 있다. 이것과 저것이 타협한 부산물로 이뤄진 삶의 자세가 절충의 자세라면, 삶의 양 극단을 체험하고 모든 것에 전

율하면서 동시에 포용하는 삶의 자세가 중용의 자세이다. 어떤 사태도 개관할 수 있으며, 그 개관할 수 있는 자세까지도 삶의 양태로 포섭할 수 있는 시인은, 여기에서 비로소 "산산조각 박살난 나와 握手를" 할 수 있게 된다.

날이 잠시 갰다. 폐곡선을 그리고 떨어졌던 등꽃이 시인의 발밑에 있고, 잘못 발사된 미사일로 폐허가 된 봉재산에는 휴식이 찾아왔다(〈흐린 날 미사일〉). 그는 여기에서 "비로소 아무것도 안 해도 된다"고 한 뒤, "急한 일?/그런 게 어딨냐"라고 되묻는다. 잠시 찾아온 여유일까. 어지러운 관념들을 뚫고 천상으로 향하는 나팔꽃이 "바람에 흔들리면서도 깔깔깔깔/웃고 있는 것"(〈나팔꽃을 기다리며〉)처럼 느껴지는 것도 여유에서 비롯된 웃음일까. 이 잠깐 동안 찾아온 휴식은 그에게 선물로 인식될까. 그럴지도 모른다. 하지만 그의 여유는 모든 사건이 해결되었기 때문에 찾아온 웃음은 아닐 것이다. 그는 여유 속에 혼란과 죽음의 기미가 도사리고 있다는 것을 잘 알고 있다. 그는 이 혼란과 죽음의 기미까지도 포용하고 있다. 이 여유를 선물이라고 말하기는 어려울 것 같다. 하지만 적어도, 고립과 난시에서 비롯하여 도달한 그의 시적 사유는 독자에게 선물로 인식될 것이다.